귀신
박윤주 시집

# 귀신


초판 인쇄 2014년 6월 13일
초판 발행 2014년 6월 19일

**지은이** 박윤주
**발행인** 임수홍
**편 집** 박미영
**디자인** 맹신형

**발행처** 도서출판 국보
**주 소** 서울 강동구 양재대로 114길 32 2층
**전 화** 02-476-2757~8 FAX 02-475-2759
**카 페** http://cafe.daum.net/lsh19577
**E-mail** kbmh11@hanmail.net

값 9,000 원

ISBN 978-89-93533-75-0 03800





「이 도서의 국립중앙도서관 출판예정도서목록(CIP)은 서지정보유통지원시스템 홈페이지(http://seoji.nl.go.kr)와 국가자료공동목록시스템(http://www.nl.go.kr/kolisnet)에서 이용하실 수 있습니다.(CIP제어번호: CIP2014017875)」

## 시집을 내면서

5집째다.
나에게 이런 영광은 펜 여러분의 성원주심 덕분이시다.
하나님께 영광드린다.
감사합니다.

박윤주

# Contents

## 제1부
## 빛과 그림자

# Contents

## 제2부
## 외로움

## 제3부
# 물과 황혼

Contents

## 제4부
## 네 번째 천사

Contents

## 제5부
## 아침 햇살이 아름다운 이유

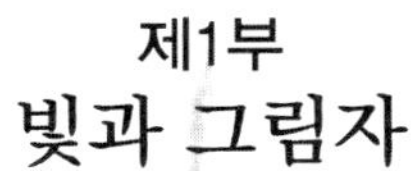

# 제1부
# 빛과 그림자

# 님의 침묵

침묵이 이겼습니다
인내는 말이 없음을
사랑은 영원함을
정이 들어 식어도
사랑은 불타오르는
태극기를 님은 들고
나를 안아줍니다
님이여, 사랑 주소서

# 진달래꽃

진달래꽃 울고 말았습니다
전화벨 울리듯 또르릉 피어납니다
한 장 두 장 돈 꾸러미를
님은 놔두고 떠났습니다
님은 떠났습니다
내 눈은 한이 맺혀
미쳐갑니다
사랑이 식지도 않습니다
진달래꽃
사랑이어라
사랑아!

# 풀

일어나자
놀자
일하자
웃자, 울자, 운다, 멈추라
행하자
풀을 뜯자
악한 거다
방석을 깔자
돈방석

# 화려함

반대로 걸쳐져 있다
알몸이 드러난다
옷을 바로 널자
섹시한 허리에
벨트를 매자

그가 달려든다
입 맞춘다
화려한 침대여라
웃음이 밤을 만든다.

# 나의 고향

나의 고향은 꿈만 같아라
비 내리는 호남선
열차타고 달려가 보자
꽃내음 솔솔 풍기던
나의 고향!
버스타고 내려서 걸어가면
꿈만 같아라
올라가리라
고향의 삶들로!
조상 무덤 인사드리고
어르신께 인사드리고
기쁘게 달려오리라

# 등잔불

호롱불이어라
밝은 빛을 낼 것이어라
종이 한 장에
선비의 시름을 턴다
던져지는 물잔을 잡는다
등잔 밑이 어둡다
열길 물 속 알아도 한 길 사람 속
모른다
속 태우라
불길 속에서 나온
마음 철이 들어 인내한다.

# 빛과 그림자

오소서, 님이여!
내가 기다리도다
가소서, 님이여!
내가 보내오리다
빛으로 가리워질
내 운명인 것을
내가 잠들어야
빛이 창출될
약속인 것을!
우리의 숙명은
지키고 말았다.

# 봄의 소식

봄의 소식이어라
숙명이어라
네가 올 자리인것을!
봄이 울 자리인것을!
봄이 화창하여라
사랑하여라
점심은 봄에 끼여
울려고 한다
아파온다
추억을 벗자
봄의 상처여!
소식은 약속이다
멋진 봄의 점심시간이다.

# 깨달음

알려고 한다
멋져진다
선망하는 대상이
멋져야 하는 것을
우리는 알았다

사랑은 약속이라는 것을
눈물은 알았다

어여쁜 내 사랑이여!
기뻐라
기회가 다시 만남으로
이어질 것을
알고 말았다.

# 수림

외로워라
눈물이 많아라
한이 많아라
괴로워라
물에 의지하는
나무여!
행복하여라!
귀신과 함께
행복하여라!
영원히 만사형통
수수깡 수림 귀하다.

# 상록수

새발에 피다
네가 아무리 컸다 한들
주께서 내려주실
수많은 나무들을
수많은 재산들을
탐내지 말라
이제 가까이 오지 말라
우리의 밀회는 무너졌노라
사랑탑 사랑의 열쇠 던져라
기도하라
믿거든이 무슨 말이냐?
사랑하라
다 사랑하여라

# 부부 싸움

싸움해라
누가 싸우지 말라 했느냐?!
대화해라
어깨에 손을 얹었다
웃어본다
사랑의 오르가즘
이루어지기 전
싸움을 멈추라
눈으로 웃어주라
웃는 눈빛 감동하여
부부 싸움 물속에서
헤엄친다
정수기 앞에서 우리는
포옹했다.

# 하루

지겹다
지루하다
예쁘다
쓰다듬자
긴 하루가 노래 부른다
주님께 노래부른다
아쉬워라
긴 하루여!
예뻐라
내 옷이라!
사랑하여라

# 담배

지저분하다
빼버려라
한 갑이 깔끔하다

모락모락 연기
널 위해 피워본다
내 딸들 위해
미래 내 남자 위해
사랑하는 엄마 위해
끊자
건강하자

폐가 윤활유를 받아들인다
가정이 화평하다.

# 사랑해

세 글자 '사랑해'
매일 들어도 듣고 싶은 말
다른 일하다 들어도
기분 좋을 말
'사랑해'
이 세상 끝까지
'사랑해'
자식이 부모를
사랑하고
부모는 자식을
사랑하여라
다 사랑하여라
찬미하리

## 제2부
# 외로움

# 하나님

하늘이어라
박윤주 시인 시집의 색깔이어라
하늘색이어라

존귀하신 전능하신
사랑의 하나님이어라

하늘문을 열라
하늘의 열쇠를 따라
하하님 말씀하신다
편안해질지어다
웃어보라
내가 믿거든 주리라

# 예수님과 열 두 제자

하나님 말씀하신다
열두 명이 있다
사단은 가라
지저분한 것들은 사라지라
남으라
무얼 하느냐?!
내가 널 사랑하도다

# 미인

아름다워라
상쾌해라
맑은 물로 닦으라
긴 머리가 어울린다
선해라
두 말할 나위 없다.

# 개나리꽃 필 무렵

아프다 아파라
아름다워라
생긋 웃는다
꺾어진 가지가
벨트를 맨다
개나리가 가지 꺾고 인사를 한다.

# 민들레꽃

웃는다
생각하라
한 움큼 한 가지
꺾어 들어보리
웃음 속에 남긴
민들레꽃의
웃음이여!

# 퇴원

곧 바로 나아가라
즐거움 뒤에 오는 평강!
사단을 잡으리
귀신 물러나
고통 사라져라
퇴원이여 다가리
웃음 한 바구니

귀신도 웃는다
귀신은 착하다.

# 미남

사라지리
명예는
더 소중한건 타인의 안전을 생각하는 것
깨끗이 씻었는가!
아멘

# 경찰복

너희가 왜 그 옷을 입었느냐?!
조폭이냐, 사채업자냐, 양아치냐?!
어디 그 옷을 벗고
맨 몸으로 덤벼보라
어디 그 무기 버려버리고
맨 몸으로 수갑을 기다리라
그때 봤던 그
양아치 선생님, 차에서 내려
인사로 고개 숙였던 이들의
부류라면 얼마나 좋겠는가!
쳐라
실제 경찰님과 형사들이여!

옷을 벗으라
알몸으로 서라
비겁하게 너희가 감싸지 마라
알몸으로 목욕탕으로 다 가라
사우나 하라
죄가 다 씻길 때까지

# 여행

언제였던가요
여행가길 바랍니다

찾아오세요
내가 가기 전에
외로움을 여행에서
뿌려봅니다

이제 나는 외롭지 않습니다
구름이 나를 따라
내 집 창가 위
웃고 있습니다.

# 이웃 사랑

원수는 사랑이다
문 두들기지 마라
경찰에 신고하지 마라
고이 접어 펜대에
꽂으라
이웃을 사랑하라
사랑이 불꽃 되어
나비로 팔락
기쁘게 너도 나도 부자 되길 기린다
이웃집값이 오르길 소망하는 꿈

# 영원한 우정의 친구

들어주는 것
이어가는 것
자리를 바꾸지 않는 것

눈물을 이슬로 만들어
다이아몬드를 던져주는 것

# 행복이란

살짝 웃어도 행복해지고
기분 좋아지는 것

누군가를 위해
선물을 고르는 것

아플 때 걱정해주는
친구가 있는 것

영원한 내 편, 사과를 나눌 수 있는
두 명이 있는 것

제3부

# 물과 황혼

# 아름다운 매봉산

아카시아 꽃이 한 발자국
옥수동에 걸어온다
그윽한 약수터 약물마냥
마시고 나무들을
그리워하며 내려온다
그 자리 소변본
부끄러운 기억의 자리

# 메밀꽃 필 무렵

뛰어놀고만 싶어라
그곳에서 놀고만 싶어라

메밀꽃 향기 전율로
이르러 우리의 사랑이
아파왔노라

아, 메밀꽃 향기여!
애수에 젖은 솜사탕이라

# 시계

둥근 시계가 벽에 올려져있다
우리가 지금 쉬는 시간인데
그 안에는 각각 시간이
흩어져있다

속으로 즐기고 위안 삼으며
보내는 악한 시간 밖 대화로는
힘이 되는 위로를 하며
내 화도 곁들여 풀어놓는다

지금 시계는 그가 물건을 집어던지는
시간을 가리킨다.

# 바다

내가 손을 담그자
왈칵 바다가 장난질한다
내 얼굴까지 바닷물에
잠기에 할 듯
왈칵 치솟는다
내가 중앙에 서있다
바다는 내 생일 잔치에 초대된 들러리다
VIP 들러리

# 골목길

혼자 서있다
누군가 지켜보고 있다
무섭지 않다
하나님 계시기에
엄마가 주걱 들고 쫓아온다
엉덩이가 빠지도록 숨었네

# 접시꽃 당신

꽃을 깔자
접시 수북이 넘치게 뿌리자
당신의 숨결을 뿌리며
느낄 만큼
접시꽃에
당신의 사랑의 콧김이
넘치는 당신아!

# 첫눈

덥다
내린다
아파온다
가슴깊이
상처가
첫눈에 발자국을 낸다.

# 손바닥

채워넣자
손바닥 안에
돈과 명예
인품을 망가지게 하는 수갑은
빼라
주먹을 쥐었다
너는 손바닥 안에 가졌다.

# 모나리자

그늘진 눈가에
그대의 미소가
행복을 만드네

# 알록달록 명절

한복이 야해 명절
떡 썰던
한국 아낙네
우리 남정네
알록달록

# 여자의 마음

잊을 수 없는 사랑은
모성애보다 클 수 없음을

# 여자의 열애

상황버섯 암이
도망가버렸다
빠져버린 여자의
깊은 사랑

# 졸음

황금알을 주우려던 그는
잡았다 빈통이라
돌려주었다

사람의 생명을 만드는
하늘의 왕은 내 아빠

하늘 선생님의 제자다
하나님이 은퇴하고
통치하게 하셨다
사단은 내 아빠의 능력도 있다
졸려. 셀라. 아멘

# 갈증

아이가 말한다
엄마 '물'
엄마가 대답한다
너 갈증 나는구나
아이가 물어본다
갈증이 뭐야
물 먹고 싶은거
그럼 물 마려운 건
그게 갈증이야
나 자꾸 갈증나
엄마가 물을 못줬구나

# 안전

갯벌을 타고 올라가보니
어디서부턴가 나타나는 피조개
누구 눈엔 맛있다지만 난
핏물이 있어 식용으로 받으면
버리곤 했다

피조개를 물가에 닦을 때
흐르는 피처럼 어떤 이는
인간으로서 물속에서 피를
흘리며 고통스러웠고 우리는 이를
모르는 체 배불리 통배로
놀았는지 모른다
먼저 안전한 나라 먼저 그 안에서
가정교육을 만들어야 한다.

# 하나님

들으셨죠
은혜도 모르는
저 여자의 중얼거림

은혜도 모르고
은혜를 오히려
원수로 갚고
은혜를 갚으려 해도
이용이나 하는 자들!
하나님! 아빠가 이제부터 일하세요
샤론의 꽃 예수
귀하신 예수님 이름으로 간절히
기도드렸습니다
아멘

# 산수유

과일주를 좋아하던
내 동거남이 있었다
그 이전 남자와는
산수유가 보이는
나무 잎새 사이
깔판 깔아 놓고
사랑을 나누웠다
한 번씩 소리 낼 때마다
산수유 한 알씩
눈물이 떨어진다.

# 빨래

조물조물 헹구다 시원한
물맛이 손에 닿는다
그 여세를 몰아
모아놨던 양말 한켤레
찌든 때를 털어낸다
사람의 감정이 복잡했다가
맑게 순화되어
염증을 터트린다
빨래를 마지막으로
헹군 물 대야는
속 시원히 그이만을
기다린다.

# 제4부
# 네 번째 천사

유리잔

낮잠

막지마

뻥튀기

꽃

깨소금

일어나리라

반달 (月)

거울

말 (語)

산 (山)

네 번째 천사

비누

칼

입가에 묻은 과자

다리

그대 슬퍼해도 좋다

이젠 좀 '시'를 잘 써봐

# 유리잔

유리로 된 잔은
양주 한 잔에
벌컥 한 모금
이슬처럼 강하고 싶다
나로 인해 그는 더했고
약속했고
약속은 지키라구 있는거구
난 예뻤다
검은 옷을 입고 서있던 나는
유리잔 안에 술을 따르며
노력했다
하고 있는 공부가 마무리되길
이제 박사 출발이다
유리잔 절대 안 버린다.

# 낮잠

아침 계란찜이 네모지고 샛노란
내 옷이 되어 다 못 먹고 내놓는다
먹고 살려는 투쟁 속에 욕설과 아부와
성실이 각 끼어들어 각자마다 논다
다 잊고 낮잠 자기엔 체중에 비만과
스트레스와 성취욕이 나를 잡아넣는다
어릴 때 선풍기 늘어놓고 잠들었던 마루에서
고구마가 있었다
지금 내 옆엔 집에 가고 싶은
소망의 짐들이 나를 견고하게 한다
성취와 성공은 한이 없다
나는 이제 시작이다
성공해놓고
그건 기초다
내 발을 이제 낮잠 자려 내민다.

# 막지마

가장 귀한 하나님의 뜻을
넌 어찌 내려서
있을만한 것이냐?!

샤론 속에 갇힌
내 사랑
오빠 도와줘
사랑해
예수의 사랑
셀라

# 뻥튀기

튀겨대는 아저씨 마음
튀긴 거 다 팔리고
막걸리 한 잔
펑펑 튀겨보자
전 세계에 튀기러 다니자
못된 것들, 악한 것들
속에 집어넣고
뻥튀기로 뻥뻥
만들어 버리게
안전은 최고
맑은 뻥튀기의 눈과 같다.

# 꽃

내 몸의 나약함
머리카락 속에
숨어있는 꽃
그녀는 그 속에서 웃었다

나는 그녀가 꽃처럼 갈망하는 피우고자 하는
소망을 잡아주고 싶다
받아라
어서

# 깨소금

들들들 꽁캉 꽁캉
맛있게 볶아지진 않았다
동생이 주었다
안 먹으려 했는데
먹으라고 과자 1개를 주어서
불쾌감과 함께 내 목을
정복했다.

* 이 '시'는 동생 '바로'가 준 과자를 연상하며 쓴 것이다.

# 일어나리라

누워있다가
앉아있다
소리를 지르며
일어나야 한다
주께서 내 다리에
매매 하고 벌을 주셨나 보다
화가 많이 나셨나 보다
이제 부디 푸소서
일어나리라

# 반달(月)

니 몸매는 날 닮았구나
마치 비너스처럼 쫙 빠져서
하늘을 나는구나

나 젊을 때 그랬지
지금은 귀찮아
너도 지금은 그 자리네

# 거울

달린다
주머니 안에서
핸드폰과 함께
움직인다

거울이 한번 치면
핸드폰이 한번
싸우느라

거울아!
뭐하니!
잠자니!

# 말(語)

우리의 가슴에 '말'은
눈물을 만들어 눈물로 살기도 하고
술 맛에 살기도 하고
버림도 받아본다
말 한마디가 얼마나
마음을 그리고
가슴을 움직이는지
우리는 잊었다.

# 산 (山)

물줄기 계곡은 우리의
눈물이며 한이며 한 생명의
복수라

나무가 품어주는
온기들 아픔들
영원하리만
산( 山 )아!
천지 안에 절도 있게
애교로 폭포를 쏟아내라

# 네 번째 천사

니가 무얼 고생했느냐?!
도우라
내 딸 첫 번째 천사를 도우라
가여운 자들을 살피라
힘을 주리니 축복을 주고받으며 살아가라
독도는 우리 땅이며 내 딸 원수의 무리를 깨라

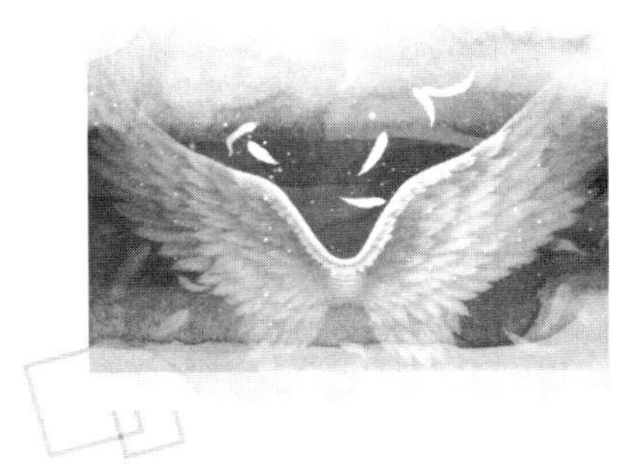

# 비누

니가 가진 아이보리 점 하나를
얼굴에 펴서 내 기술적인
손가락을 펴서 비누는 일을 한다
내가 싫으면 비누는 굳어져서
내 방 어딘가에 내동댕이 쳐져있다

내가 좋아하면 기분은 들뜬다
집에 있을 때도 나를 깔끔하게 했던 비누야!
나는 너를 욕하지 않게 닦아주었다
봉사원들이여! 비누 나눠가집시다.

# 칼

한 집에서 동태찌개를 끓인다
오늘따라 아줌마의 엉덩이가
선하고 아름답게 보인다

이제 아내의 주걱맛을
사랑하는 남편들이 100%
많기를 질투와 함께
누룽지맛을 기대해본다

칼아, 너는 동태찌개 끓일 때만
오징어 자를 때만, 음, 또
주걱아, 니 남편 외박발
한 방 날려라

# 입가에 묻은 과자

굶주려 있다가
밥 먹는 거 간식 먹는 거
입가에 묻어있다
나중에 얼굴 예쁜지
보려고 거울보고 깜짝 놀란다

내 저질
난 고급인 줄 알았는데
사람은 다 똑같다
가슴은 다르다
누구든 미인을 보면
반한다
그 미인이 추녀가 되면
실망한다
입가에 묻은 과자 찌꺼기는
내 모습에 실망한
내 자아다
나는 나쁘다. 나중에
그런 사람 보면 또 한심하다.

# 다리

대부분 다리를 보면
다 예쁜 거 같아요
어머, 왜 그럴까?
난 내 다리가 제일 예쁜 거 같아
근데, 이것아
할머니 다리 보고

# 그대 슬퍼해도 좋다

그대 슬퍼해도 좋아요
자기야, 우린 마음과 가슴과 영혼이
통해서 사랑했잖아

자긴 날 위해 항상 그 자리
가슴에 피맺힌 사랑으로
기다렸죠!
난 너무 가슴이 파였어
자기 슬퍼해도 좋아
그대 슬퍼해도 좋다.

# 이젠 좀 '시'를 잘 써봐

내가 널 '시' 쓰게 했다
시를 쓰질 않으니
'시' 쓰게 했더니 엉망으로
쓰니 이젠 좀 '시'를 잘 써봐
하나님! 내가 더 잘써볼께요.

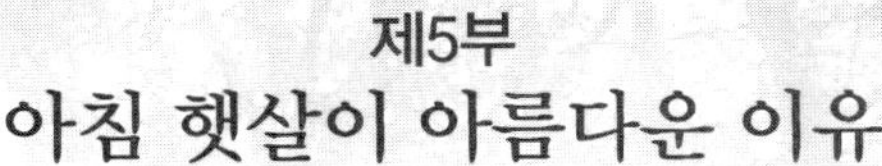

# 제5부
# 아침 햇살이 아름다운 이유

# 아침 햇살이 아름다운 이유

어둠과 초라한 풍경이 흘러갔기 때문이다
넘어갔기 때문이다

내 눈물도 고통도 어제 나보다
한결 아름답다

한치 앞을 보니 비가 오려는지
돌멩이 앞에 앉아있다
풍경들이 도사리고 있기에 아침 햇살이
아름답다. 그게 아니라면 해가
널 안고 하루 종일 누워있으니 그 희망으로
아침 햇살이 아름답다.

# 돈을 많이 벌고 싶다

사랑하는 이들에게 쓰고 싶다
나를 제일 사랑한다
나를 위해 쓰고 싶다
멋지게 사는데 쓰고 싶다
할렐루야!

## 아름다운 꽃향기처럼 그대
## 마음도 향기에 젖어있다

난 꽃 세 송이를 가지고 싶다
두 송이는 잘 간직하고 있는데
한 그루는 해바라기가 되어
썩고 있다
속 썩고 있다
내 맘이 향기로 채워져 그대 마음도
향기로 채워져 있다
젖어있다

## 버릇

하나도 없다
이건 아니잖아
남자 불러 등쳐먹는 거
복수가 이어진다
여자다운 인간답게 살라
아유, 몰라

# 개를 데리고 집을 나서다

심심했다
개를 데리고 집을 나갔다

나는 혼자 먹고 살기도 힘든데
남들은 개를 키우며 데리고 다닌다

가난하기에 예술가가 아름답다.

# 너 못생겼다

하지만 무시는 아냐
내가 솔직해서
꾸밈없이 말한 거 뿐이야

# 버려진 고양이

생명의 존엄성!
고양이도 은혜를 아는 동물 중
하나일게다
살려내야 한다
찾아봐야 한다
이러고 있을 때가 아니다.

# 애인

언제가 말했지
우리 단둘이 살고 싶다고
우리 집에 오지도 못하고
다 돈만 밝혔던 내 잘못
쓰레기통 뒤지고
그런데 어떻게 질린다고 버려!

# 새 한 마리가 날아가다가 나무에 오르다

새 한 마리 장미 하나 물고 날아간다
어디 감나무에 장미꽃인지 걸쳐두고
감을 쪼아 먹는다

니가 가진 주제는 감을 먹으며
사는 새 주둥이 주제에 어디 장미꽃을 넘보느냐

니 주둥이로 장미꽃잎을
쪼아 먹고 살려하느냐
어느 한전이라고 가거라
너는 감나무를 찾아 짖다가
생명을 다하는 여우꼬리
물러가라. 멈추라
감추지 말라
다 보여주라
내 친구가 아프지 않게

주여! 병원에 있는 내 친구 빨리 퇴원하게 해주시고
돈과 뇌물과 상장과 작품에 빠지기도 하는

가난한 글쟁이 주제에
이 나의 주제를 용서하소서
저들에겐 축복주소서
한맥의 김진희 선생님께, 청하 성기조 선생님께
축복 가득
내려주소서! 아멘

# 고추장

매콤한 맛이 얼마나 혀를 찌르는지
소고기 볶음과 싱거운 순두부가
내 입안을 허탈하게 한다
이번엔 고추장이 별로 안 맵네!
고추 한번 찍어 먹어볼까?

# 내 사랑

우리 선생님이 첫 시집에서
써 주셨던 '전철 안 그 남자'란
'시'를 첫 시집에도 실었다
난 그와 함께 영원히 행복하길
기도드린다
영혼으로 너무 사랑하고 아끼고 기다린다
날 사랑해주고 있는 우리 오빠 같은 남편은
그보다 더 영원히 행복하게 만들 여자
내가 주님께 기도하리라!
주여! 그 오빠와 저에게 가장 좋은 때
짝을 만나는 기름진 축복을 넘치게
내려주소서!
세상의 모든 외로운 이들, 특히 나의
은인들의 짝을 축복주소서!
아멘

# 내 남자

술집 여자들!
내 남자를 돈 털지 마라
화장품은 찍어 발라야지
저보다 예쁘단 이유로
쫓아내는 것들
술집 여자들이라
다르더라!
어떤 하찮은 것들은
머리까지 잡고 욕하고
경찰에 신고하고
남자는 또 어떻고
지가 돈 써놓고
눕혀놓고 얼굴도 밟아대던 것들
병원에서 눕혀서던 뒤에든 때리고
샤워장에서 물 붓던
것들! 다들 인간이 아니어라
하나님! 예수님 사랑
원수를 사랑하라
이럴 수가!
아멘

# 언어 폭탄

와!
우!
헤이!
짧게 외치는 큰 절벽이 언어를 기다리다
터트린다
언어를 물 한잔 마시며 섹시하게 먹고 싶어
너처럼
근데 자기야
우리의 언어폭력도 있었지
그거 자기가 들을 만 했던 건데
야!
네!
나쁜 남자였군!
이건 아니잖아
최면술을 걸만큼
자기 여보를 사랑해
지금 함께 하는

# 진실

하나님이 시키시는 대로 해서
저를 보호하는 것은 알겠는데
진리에 대한 의문이 솟구치나이다

# 부디 이 죄인을 용서하고 살려주옵소서

하나님이 두려워요
교만하지 않겠나이다
허나 내 억울함은
내 배신감으로 인한 분노들은 어찌

주소서, 내가 가오리다.

# 주여! 하나님 감사합니다

기차를 몇 번 탄 적 있었죠
우리가 그때 만났더라면
서로 좋은 사이가 되었을지도
이 죄인을 용서하시니
감사합니다
아멘

# 부메랑

벨을 보내면 도와준다
다시 돌아온다
그와 나는 보이지 않는 메아리
날 두고 다른 여자와 또한 큰 배신들
거기까지만

그대와 나는 영혼의
부메랑
만족하여라
즐기리
훗날 행복하리
주께 경배하리
셀라

# 배신

날 위해 기도했던 그녀가
날 필요했던 그녀가
올라왔다
그녀는 내가 귀찮아졌다
아까워졌다
아니다
실수를
주님께 치자
그녀는 잃을 것이고
나는 얻을 것이다
세계는 살아있다
한국은 삶이다
의리는 성공이다
패배가 주님을
부른다
삶의 진가다
의리, 진실
정결, 시인이라면
청렴

# 촛불

너를 위해 나를 위해
희생한 누구를 위해
우리는 언젠가는 촛불이 되자
서로를 아끼는 불을 켜자
촛불이 되자
안전은 대통령과 정부가 해나가야 될 국민의 대명사다.

귀신